세계 최고의 문자
훈민정음 자긍심 기

훈민정음
경필쓰기

4급

박재성 엮음

사단법인 훈민정음기념사업회 인증

가나북스

훈민정음 경필쓰기(4급)

초판 발행일 | 2024년 1월 30일

지 은 이 | (사)훈민정음기념사업회 인증 / 박재성 엮음
발 행 인 | 배수현
디 자 인 | 김미혜
책임감수 | 김동연
감수위원 | 김노성 박남숙 이수용
편집위원 | 김보영 박화연 홍수연

펴 낸 곳 | 가나북스 www.gnbooks.co.kr
출판등록 | 제393-2009-000012호
주   소 | 경기도 파주시 율곡로 1406
문   의 | (031)959-8833
팩   스 | (031)959-8834

ISBN | 979-11-6446-092-2(13700)

머리말

훈민정음은 대한국인에게 주신 영원한 최고의 선물

사람은 글씨를 통해 마음을 표현하므로 글씨는 마음을 전달하는 수레라고 할 수 있습니다. 따라서 '마음이 바르면 글씨도 바르다[心正則筆正]'라고 합니다. 오만 원권 지폐에서 우리에게 낯익은 신사임당이 만 원권 지폐에서도 만날 수 있는 이율곡에게 전한 말입니다.

예로부터 글씨는 그 사람의 상태를 대변한다고 합니다. 올바른 몸가짐, 겸손하고 정직한 말씨, 바른 글씨체, 공정한 판단력이라는 「신언서판(身言書判)」은 글씨로 마음을 다스릴 수 있는 사람에게 나랏일을 맡겼다는 의미입니다. 그래서 글씨는 의사소통의 도구라고 표현하는데, 우리는 의사소통의 도구 중에 가장 쉽고 간략하여 효과적으로 의사 표현을 할 수 있는 훈민정음을 가지고 있으므로 세계인이 부러워하는 특별한 방법을 갖고 있습니다.

그런데 현대인은 스마트폰과 컴퓨터 생활로 글씨를 쓰는 기회가 점점 사라지고 키보드로 글을 치게 됩니다. 이것은 지구상에 존재하는 생명체 중에 인간만이 누릴 수 있는 글씨 쓰는 특권을 포기하는 것과 마찬가지입니다. 키보드와 마우스가 대세인 젊은 세대일수록 손으로 글씨를 많이 써야 하는 이유이기도 합니다.

이제부터라도 세계인류문화유산인 『훈민정음』을 대한국인이라면 반드시 한 번쯤 직접 써보고 세계 최고의 문자 훈민정음을 보유한 후예로서 자긍심을 가져야 할 것입니다.

훈민정음 창제 580(2024년)

엮은이 **박재성**

글씨 쓰기의 기본

1. 경필(硬단단할 경 · 筆붓 필)

뾰족한 끝을 반으로 가른 얇은 쇠붙이로 만든 촉을 대에 꽂아 잉크를 찍어서 글씨를 쓰는 도구라는 뜻이지만, 동양의 대표적인 필기구인 붓이 부드러운 털로 이루어졌다는 뜻에 대해서 단단한 재료로 만들어진 글씨 쓰는 도구란 의미로 펜, 연필, 철필, 만년필 등을 이른다.

2. 글씨를 잘 쓰는 방법

1) 바른 자세로 글씨 쓰는 습관을 길러야 한다.

2) 경필 글씨 공부는 되도록이면 연필로 쓰는 것이 좋다.

3) 글자의 비율을 맞추면서 크게 써보는 것이 좋다.

4) 모범 글씨를 보고 똑같이 써보려고 노력한다.

5) 반복해서 자꾸 써보는 노력이 가장 중요하다.

3. 펜을 잡는 요령

    1) 펜은 펜대 끝에서 1cm가량 되게 잡는 것이 알맞고, 펜대의 경사도는 45~60°만큼 몸쪽으로 기울어지게 잡는 것이 좋다.

    2) 펜대를 필요 이상으로 힘주어 잡거나, 펜을 너무 기울이거나 세우면 손가락과 손목이 잘 움직이지 못해 운필이 자유롭지 못하게 된다.

    3) 종이 면에 손목을 굳게 붙이면 손가락 끝만으로 쓰게 되므로 손가락 끝이나 손목에 의지하지 말고 팔로 쓰는 듯한 느낌으로 쓴다.

    4) 삐침의 요령은 너무 힘을 들이지 않고 가볍게 가지고 자유로이 손을 움직이게 하여야 한다.

    5) 반흘림이나 흘림이면 펜대를 점점 높이 잡는 것이 글씨 쓰기 좋다.

나랏말쓰미
異잉
죠동
를홍
中듕
國귁
흥야
아라 異잉
죠동
는다
를씨
아모

부록

이 책의 다섯가지 특징

하나. 훈민정음을 배울 수 있습니다.

　이 책은 문화체육관광부 소관 사단법인 훈민정음기념사업회가 『훈민정음』을 바르게 알리기 위해서 심혈을 기울여 현대에 맞게 국민 누구나 쉽게 익힐 수 있도록 편집하였습니다.

둘. 문자 강국의 자긍심을 느낄 수 있습니다.

　이 책은 전 세계에 존재하는 70여 개의 문자 중에서 유일하게 창제자 · 창제연도 · 창제원리를 알 수 있는 독창성과 창작성으로 유네스코에 인류문화 유산으로 등재되어 세계에서 가장 우수한 문자로 인정받는 위대한 문자 『훈민정음』을 보유한 문자 강국의 자긍심을 느낄 수 있도록 편집하였습니다.

셋. 우리 옛시조 28수를 알 수 있습니다.

　이 책은 우리의 아름다운 옛시조 28수를 전부 써 볼 수 있도록 편집하였습니다.

넷. 글씨를 예쁘게 쓸 수 있습니다.

　이 책은 스마트폰과 컴퓨터 생활로 글씨를 쓰는 기회가 점점 사라지는 현대인에게 마음을 표현할 수 있는 예쁜 글씨를 써볼 수 있도록 편집하였습니다.

다섯. 일석이조의 효과를 얻을 수 있습니다.

　이 책은 글씨를 바르게 익히는 것은 물론, 사단법인 훈민정음기념사업회가 시행하는 〈훈민정음 경필쓰기 검정〉 4급에도 응시할 수 있는 일석이조의 효과를 얻을 수 있도록 편집하였습니다.

훈민정음 **4급**

낱자 쓰기
기본

❀ 낱자자음(닿소리) 쓰기

 훈민정음 궁서체 정자 쓰기의 가장 중요한 기본은 대체로 부드럽게 쓰면서 곱고 바르게 그어 내려가며 끝은 가늘고 자연스럽게 써야 한다. 그래서 정자 쓰기의 생명은 세로획을 바르게 쓰는 것이다.

ㄱ	○표 부분에 약간 모를 죽이면서 똑바로 내려긋는다 ※ㅗ, ㅛ, ㅜ, ㅠ, ㅡ의 초성과 받침에 쓴다.					
ㄱ ㄱ						
ㄱ	○표 부분을 주의하며 점획을 찍는 기분으로 들어 쓴다. ※ㅏ, ㅑ, ㅓ, ㅕ, ㅣ앞 초성에 쓴다.					
ㄱ						
ㄴ	경필을 대고 허리를 굽히다가 왼쪽으로 거슬러 접고 끝을 가볍게 쓴다.					
ㄴ						
ㄴ	○표의 끝부분을 약간 쳐드는 기분으로 쓴다.					
ㄴ						

✺ 낱자자음(닿소리) 쓰기

ㄷ	2의 끝이 1보다 길어지지 않도록 하고 1과 2의 시작하는 곳을 떨어지지 않게 쓴다.						
ㄷ	ㄷ						
ㄷ	1은 짧게 약간 쳐드는 기분으로 쓰고 ○표 부분은 살짝 붙이되 2는 ㄴ처럼 쓴다.						
ㄷ							
ㄹ	ㄱ에 ㄷ을 합한 것으로 1과 2와 3의 가로획은 ○표 부분의 공간이 고르도록 쓴다.						
ㄹ	ㄹ						
ㄹ	ㄱ에 두 번째 ㄷ을 쓰는 법과 같이 쓰되 가로획은 ○표 부분의 공간이 고르도록 쓴다.						
ㄹ	ㄹ						
ㅁ	1과 2의 앞부분은 붙지 않게 쓰고 ○표 부분이 모나지 않게 하며 아래를 좁히지 않게 쓴다.						
ㅁ							

✽ 낱자자음(닿소리) 쓰기

ㅂ	1→2→3→4의 순서대로 쓰도록 주의 하고 아래가 좁아지지 않게 쓴다.						
ㅂ							
ㅅ	1은 왼쪽 옆으로 삐치고 2는 끝부분에 힘을 주어 멈춘다.						
ㅅ							
ㅅ	1은 왼쪽 옆으로 삐치고 2는 약간 수 직으로 내려 쓴다. ※ㅓ와 ㅕ의 초성(첫소리)에 쓴다.						
ㅅ							
ㅈ	1→2→3의 순서대로 쓰되 중심을 잘 맞추고 ○표 부분의 조화를 이루도록 쓴다.						
ㅈ							
ㅈ	1의 가로획이 다르고 2와 3은 ㅅ과 같 이 중심을 맞추어 쓴다. ※ㅓ와 ㅕ의 초성(첫소리)에 쓴다.						
ㅈ							

❋ 낱자자음(닿소리) 쓰기

촛	1의 점획은 2의 중심선에 오른쪽 아래로 긋고 2부터 4까지는 ㅈ과 같이 쓴다.					
ㅊ						
촛	1의 점획은 2의 중심선에 오른쪽 아래로 긋고 ㅅ과 ㅈ쓰기와 같다. ※ㅓ와 ㅕ의 초성에 쓴다.					
ㅊ						
ㅋ	1은 ㄱ과 같은 방법과 같게 쓰되 2의 획은 위치를 주의하여 쓴다. ㅗ, ㅛ, ㅜ, ㅠ, ㅡ의 초성이나 받침에 쓴다.					
ㅋ						
ㅋ	1은 ㄱ과 같은 방법으로 쓰되 2의 획을 오른쪽 위로 향하듯이 쓴다. ※ㅏ, ㅑ, ㅓ, ㅕ, ㅣ 왼쪽에 쓴다.					
ㅋ						
ㅌ	1→2→3의 순서대로 쓰되 가로획의 사이 ○표 부분이 고르게 쓴다. ㅗ, ㅛ, ㅜ, ㅠ, ㅡ의 초성이나 받침에 쓴다.					
ㅌ						

✿ 낱자자음(닿소리) - 겹낱자(겹닿소리) 쓰기

ㅌ	1과 2의 사이 ○표 부분보다 2와 3의 ○표 부분을 더 넓게 쓴다. ※ㅏ, ㅑ, ㅣ의 왼쪽에 쓴다.					
ㅌ						
ㅍ	점선을 잘 보고 균형을 잡는다. ○표 부분이 붙지 않도록 1은 4보다 약간 짧게 쓴다.					
ㅍ						
ㅍ	1의 획은 약간 위로 휘듯이 쓴다. 4의 획은 약간 올려 쓴다. ※ㅏ, ㅑ, ㅣ의 왼쪽에 쓴다.					
ㅍ						
ㅎ	○표 부분의 공간을 고르게 잡아 쓴다.					
ㅎ						
ㄲ	앞의 1은 작게 약간 ㄱ을 변화시키고 2는 조금 크게 쓴다. ※ㅗ, ㅛ의 위에 쓴다.					
ㄲ						

✿ 겹닿자(겹닿소리) 쓰기

ㄲ	앞의 1은 작게 쓰고 2는 조금 더 크게 쓴다. ※ㅏ, ㅑ, ㅓ, ㅕ, ㅣ의 왼쪽에 쓴다.			
ㄲ				
ㄸ	앞의 ㄷ은 작게 쓰고 뒤의 ㄷ은 조금 더 크게 쓴다. ※ㅏ, ㅑ, ㅣ의 왼쪽에 쓴다.			
ㄸ				
ㅃ	앞의 ㅂ보다 뒤의 ㅂ을 조금 더 크게 쓴다. ※첫소리나 받침 등 모든 모음에 쓴다.			
ㅃ				
ㅆ	앞의 ㅅ보다 뒤의 ㅅ을 조금 더 크게 쓴다. ※ㅏ, ㅑ, ㅗ, ㅛ, ㅜ, ㅠ, ㅣ에 쓴다.			
ㅆ				
ㄶ	ㄴ을 위로 삐치고 ㄴ과 ㅎ을 반반씩 나누어 쓴다. ※받침에 쓴다.			
ㄶ				

❀ 낱자모음(홀소리) 쓰기

ㅏ	2의 점획은 1의 중간보다 약간 아래에서 수평의 방향으로 긋는다.				
ㅏ					
ㅑ	2의 점획은 1의 중간 지점에 3의 점획은 나머지 길이의 ½ 지점에 찍는다.				
ㅑ					
ㅓ	1의 점획은 2번 l획의 중간에 위치하도록 약간 위를 향하듯이 쓴다.				
ㅓ					
ㅕ	1과 2의 점획은 3번 l획을 3등분한 위치에 찍는다.				
ㅕ					
ㅗ	1의 점획은 2의 중심에서 시작하되 마무리는 중심보다 약간 오른쪽을 향하여 찍는다.				
ㅗ					

✿ 낱자모음(홀소리) 쓰기

ㅛ	1과 2의 점획은 서로 평행의 느낌으로 주고 1은 2보다 짧게 긋는다.				
ㅛ					
ㅜ	1의 가로획을 3등분해서 2의 획은 앞에서 약 ⅔ 정도에서 내려긋는다.				
ㅜ					
ㅠ	2와 3의 점획은 1의 가로획을 3등분한 위치에 쓰고 1은 2보다 약간 짧게 왼쪽으로 긋는다.				
ㅠ					
ㅡ	경필을 약간 위쪽으로 부드럽게 달리며 ○표시된 끝부분은 눌러 떼는 기분으로 쓴다.				
ㅡ					
ㅣ	ㅣ는 수직으로 바르게 내려가면서 끝을 가늘게 들어 쓴다.				
ㅣ					

❀ 낱자모음(홀소리) 쓰기

ㅐ	1과 3의 세로획은 똑바로 내려 긋고 2의 가로획은 1과 3의 중간 위치에 긋는다.					
ㅐ						
ㅔ	1을 먼저 중간 부분에 약간 올리듯이 쓰고 2와 3의 세로획은 똑바로 내려긋는다.					
ㅔ						
ㅚ	1의 점획은 2의 가로획 ⅓ 지점에 내리긋고 2획은 3획의 중간에 붙여 쓴다.					
ㅚ						
ㅟ	1은 끝을 가벼이 들며 3의 중간 부분에 위치하도록 붙여 쓰고, 2는 1의 중간 부분에 쓴다.					
ㅟ						
ㅞ	ㅜ와 ㅔ가 붙지 않게 쓰고 2획은 1획의 중간부분에서 약간 왼쪽으로 가볍게 쓴다.					
ㅞ						

훈민정음 경필 쓰기 검정 요강

세계 최고의 문자인 훈민정음을 보유한 문자 강국의 자긍심 계승을 위한 범국민 훈민정음 쓰기 운동으로 《훈민정음 경필 쓰기 검정》을 시행함.

1. 자격명칭 : 훈민정음 경필쓰기 검정
2. 자격종류 : 등록(비공인) 민간자격(제2022-002214호)
3. 자격등급 : 사범, 특급, 1급, 2급, 3급, 4급, 5급, 6급, 7급, 8급
4. 발급기관 : 사단법인 훈민정음기념사업회(문화체육관광부 소관 제2021-0007호)
5. 검정일정 : 매월 실시

검정 응시 접수기간	심사기간	합격자발표	자격증 교부기간
매월 첫째주 월~금	매월 둘째주	매월 셋째주 월	매월 넷째주 월~금

6. 검정방법 : 응시 희망 등급의 『훈민정음경필쓰기』검정용 원고에 경필(펜, 연필, 볼펜 등)으로 써서 (사)훈민정음기념사업회로 우편 혹은 택배로 접수시키면 됨.
7. 응시자격 : • 나이, 학력, 국적, 성별과는 무관하게 누구나 응시 가능.
   • 단, 사범 응시자는 특급 합격자에 한하여 응시할 수 있음.
8. 검정 범위 응시료 및 합격기준 :

급수	검정범위	응시료	합격기준
사범	훈민정음 해례본 전체	55,000원	총점의 70점 이상 취득자
특급	훈민정음 해례본 중 정인지 서문	45,000원	
1급	훈민정음 해례본 중 어제서문과 예의편	35,000원	검정기준 총점의 60점 이상 취득자
2급	훈민정음 언해본 중 예의편	25,000원	
3급	훈민정음 언해본 중 어제서문	20,000원	
4급	옛시조 28개 문장 중에서 응시자가 한 개의 시조를 선택	15,000원	
5급	2,350개의 낱자 중에서 응시자가 200자를 선택하되 중복되지 않은 연속된 글자		
6급	훈민정음 옛글자체 낱말 50개	10,000원	
7급	훈민정음 옛글자체 낱글자 80자		
8급	훈민정음 옛글자체 자모음 28자		

9. 검정기준 : • 쓰기 25점(필기규범 15점, 오자 유무 10점)
   • 필획 25점(필법의 정확성 15점, 필획의 유연성 10점)
   • 결구 25점(균형 15점, 조화 10점)
   • 창의 25점(서체의 창의성 10점, 전체의 통일성 15점)
10. 시상기준 :

시상종류	급수	시상자 선발 기준	시상내용
훈민정음대상	사범에 한함	90점 이상자 중 최고 득점자	매년 1회 훈민정음창제일(1월 28일) 발표하며 훈민정음 대상 및 장원급제의 장학금과 장원상 및 아원상, 최고상의 상품은 훈민정음 평가원의 심의를 거쳐 정함.
장원급제	특급에 한함	90점 이상자 중 최고 득점자	
장원	1급	90점 이상자 중 최고 득점자	
아원	2급	90점 이상자 중 최고 득점자	
최고상	1급~8급	85점~89점 득점자 중 최고 득점자	
우수상	1급~8급	80점~84점 득점자 중 최고 득점자	
장려상	1급~8급	75점~79점 득점자 중 최고 득점자	

※ 훈민정음 대상 및 장원급제자의 장학증서와 장학금은 초·중·고생에 한함.

11. 응시회비입금처 : 새마을금고 9002-1998-5051-9(사단법인 훈민정음기념사업회)
12. 응시료 환불 규정 : 1) 접수 기간 내 ~ 접수 마감 후 7일까지 ☞ 100% 환급
   2) 접수 마감 8일 ~ 14일까지 ☞ 50% 환급
   3) 접수 마감 15일 ~ 검정 당일까지 ☞ 환급 불가
13. 검정원고접수처 : (16978) 용인특례시 기흥구 강남동로 6, 401호(그랜드프라자)

문화체육관광부 소관 제2021-0007호
사단법인 훈민정음기념사업회

Tel. 031-287-0225
E-mail : hmju119@naver.com
www.hoonminjeongeum.kr

훈민정음 **4급**

예시 문장
쓰기

❀ 4급 문장 쓰기(1)

글제목: 불휘 기픈 남곤

글쓴이: 정인지 등

불휘	기픈	남곤	ᄇᄅ
불휘	기픈	남곤	ᄇᄅ
불휘	기픈	남곤	ᄇᄅ

매	아니	뮐씨	곶	됴
매	아니	뮐씨	곶	됴
매	아니	뮐씨	곶	됴

코	여름	하ᄂ니	시미
코	여름	하ᄂ니	시미
코	여름	하ᄂ니	시미

기픈 므른 ᄀᆞ므래 아

니 그츨씨 내히 이러

바ᄅᆞ래 가ᄂᆞ니

용비어천가(龍飛御天歌)
조선 초기 세종 27년(1445) 편찬되어 세종 29년(1447)에 발간된 악장·서사시다. 세종대왕이 훈민정음을 창제한 뒤 훈민정음을 시험하기 위해 권제와 정인지, 안지 등에게 맡겨 펴낸 훈민정음으로 쓰인 최초의 책이다.

글쓴이소개

❀ 4급 문장 쓰기(2)

글제목: 하여가

글쓴이: 이방원

이	런	들		어	떠	하	며		저	런
이	런	들		어	떠	하	며		저	런
이	런	들		어	떠	하	며		저	런

들		어	떠	하	리	/	만	수	산
들		어	떠	하	리		만	수	산
들		어	떠	하	리		만	수	산

드	렁	칡	이		얽	혀	진	들		어
드	렁	칡	이		얽	혀	진	들		어
드	렁	칡	이		얽	혀	진	들		어

떠하리 / 우리도 이같이

떠하리　우리도　이같이
떠하리　우리도　이같이

얽혀져 백년까지 누리

얽혀져　백년까지　누리
얽혀져　백년까지　누리

리라 태종 이방원

리라　태종　이방원
리라　태종　이방원

글쓴이소개

이방원(李芳遠 1367~1433)
이성계의 다섯째 아들. 조선 3代 왕 태종으로서 역성혁명에 주동적인 역할을 하였다. 개국 후에는 왕위를 차지하고자 두 번이나 피비린내 나는 '왕자의 난'을 일으켜 골육을 나눈 형제들을 무참하게 죽이고 생사를 같이해 온 개국 공신들을 마구 주살하였다.

글제목: 단심가

글쓴이: 정몽주

이	몸이	죽고	죽어
이	몸이	죽고	죽어
이	몸이	죽고	죽어

일백	번	고쳐	죽어 /
일백	번	고쳐	죽어
일백	번	고쳐	죽어

백골이	진토되어	넋이
백골이	진토되어	넋이
백골이	진토되어	넋이

라도 있고 없고 / 님

향한 일편단심이야 가

실 줄이 있으랴

정몽주(鄭夢周 1338~1392)

고려 말의 학자이자 관리. 영천 출신이다. 본관은 연일, 호는 포은(圃隱)이다. 조선 건국 직전인 1392년 4월 26일 이성계와 신진사대부들의 역성혁명에 반대하다 이방원의 지시를 받은 조영규에 의해 선죽교에서 살해 당한다.

글쓴이소개

❀ 4급 문장 쓰기(4)

글제목: 가마귀 눈비 맞아

글쓴이: 박팽년

가마귀	눈비	맞아	희
가마귀	눈비	맞아	희
가마귀	눈비	맞아	희

눈	듯	검노매라 /	야광
눈	듯	검노매라	야광
눈	듯	검노매라	야광

명월이야	밤인들	어두
명월이야	밤인들	어두
명월이야	밤인들	어두

우 라 / 님 향 한 일 편 단

심 이 야 고 칠 줄 이 있

으 라 사 육 신 박 팽 년

글쓴이소개

박팽년(朴彭年 1417~1456)
훈민정음 해례본 집필자인 집현전 학사로 사육신 중 한 사람이다. 세조 찬탈 때 경회루 못에 자살하려다 성삼문의 만류로 미수. 세조 2년(1456) 형조참판으로 단종 복위를 꾀하다 처형되었다.

✿ 4급 문장 쓰기(5)

글제목: 수양산 바라보며

글쓴이: 성삼문

수	양	산		바	라	보	며		이	제
수	양	산		바	라	보	며		이	제
수	양	산		바	라	보	며		이	제

를		한	하	노	라	/	주	려		죽
를		한	하	노	라		주	려		죽
를		한	하	노	라		주	려		죽

을	진	들		채	미	도		하	는
을	진	들		채	미	도		하	는
을	진	들		채	미	도		하	는

껏	가	/	아	무	리		푸	새	엣
껏	가		아	무	리		푸	새	엣
껏	가		아	무	리		푸	새	엣

껏	인	들		긔		뉘		땅	에
껏	인	들		긔		뉘		땅	에
껏	인	들		긔		뉘		땅	에

났	더	니		사	육	신		성	삼	문
났	더	니		사	육	신		성	삼	문
났	더	니		사	육	신		성	삼	문

글쓴이소개

성삼문(成三問 1418~1456)
세종 때 훈민정음 창제를 위해 음운 연구를 위해 요동의 음운학자 황찬을 13번이나 방문 했다고 한다. 1455년 세조가 단종을 몰아내고 왕위에 오르자 단종의 복위를 협의했으나, 김질의 밀고로 체포되어 친국을 받고 처형되었다. 사육신 중 한 사람이다.

❀ 4급 문장 쓰기(6)

글제목: 오백년 도읍지를

글쓴이: 길재

오	백	년		도	읍	지	를		필	마
오	백	년		도	읍	지	를		필	마
오	백	년		도	읍	지	를		필	마

로		돌	아	드	니	/	산	천	은	
로		돌	아	드	니		산	천	은	
로		돌	아	드	니		산	천	은	

의	구	하	되		인	걸	은		간	
의	구	하	되		인	걸	은		간	
의	구	하	되		인	걸	은		간	

데		없 네	/	어	즈	버		태	평
데		없 네		어	즈	버		태	평
데		없 네		어	즈	버		태	평

연	월	이		꿈	이	런	가		하	노
연	월	이		꿈	이	런	가		하	노
연	월	이		꿈	이	런	가		하	노

라		야	은		길	재
라		야	은		길	재
라		야	은		길	재

글쓴이소개

길재(吉再 1353~1419)

고려 말, 조선 초의 성리학자. 1387년 성균학정이 되었다가, 1388년에 순유박사를 거쳐 성균박사를 지냈다. 조선이 건국된 뒤 1400년(정종 2)에 이방원이 태상박사에 임명하였으나 두 임금을 섬기지 않겠다는 뜻을 말하며 거절하였다. 호은 冶隱(야은)이다.

✿ 4급 문장 쓰기(7)

글제목: 천만리 머나먼 길에

글쓴이: 왕방연

천	만	리		머	나	먼		길	에	
천	만	리		머	나	먼		길	에	
천	만	리		머	나	먼		길	에	

고	운	님		여	의	옵	고	/	내	
고	운	님		여	의	옵	고		내	
고	운	님		여	의	옵	고		내	

마	음		둘		데		없	어		넷
마	음		둘		데		없	어		넷
마	음		둘		데		없	어		넷

가에 앉았으니 / 저 물

가에 앉았으니 저 물

가에 앉았으니 저 물

도 내 안 같아서 울

도 내 안 같아서 울

도 내 안 같아서 울

어 밤길 예 놋다

어 밤길 예 놋다

어 밤길 예 놋다

글쓴이소개

왕방연(王邦衍 ?~?)
조선시대 문신 겸 시인. 세조 때 금부도사로 있었는데 사육신 사건이 있은 뒤 1457년(세조 3) 왕명에 따라 상왕 단종이 노산군으로 격하되어 영월로 귀양갈 때 호송하였다. 당시의 심경을 읊은 시조 한 수를 남겼다.

❈ 4급 문장 쓰기(8)

글제목: 방안에 혓는 촉불

글쓴이: 이개

방	안	에		혓	는		촉	불		눌
방	안	에		혓	는		촉	불		눌
방	안	에		혓	는		촉	불		눌

과		이	별	하	엿	관	대	/	겉	으
과		이	별	하	엿	관	대		겉	으
과		이	별	하	엿	관	대		겉	으

로		눈	물	지	고		속	타	는	
로		눈	물	지	고		속	타	는	
로		눈	물	지	고		속	타	는	

줄		모르는고 / 저		촉	불
줄		모르는고	저	촉	불
줄		모르는고	저	촉	불

날 과		같아서		속타는	
날 과		같아서		속타는	
날 과		같아서		속타는	

줄		모르도다		이 개	
줄		모르도다		이 개	
줄		모르도다		이 개	

글쓴이소개

이개(李塏 1417~1456)

조선 전기의 문신. 직제학을 지냈으며, 시문이 청절하고 글씨를 잘 썼다. 훈민정음 해례본에 참여한 집현전의 학사이다. 사육신의 한 사람으로, 세조 2년(1456)에 단종의 복위를 꾀하다 발각되어 처형되었다.

❀ 4급 문장 쓰기(9)

글제목: 간밤에 불던 바람에

글쓴이: 유응부

간	밤	에		불	던		바	람	에
간	밤	에		불	던		바	람	에
간	밤	에		불	던		바	람	에

눈		서	리		치	단		말	가	/
눈		서	리		치	단		말	가	
눈		서	리		치	단		말	가	

낙	락	장	송	이		다		기	울	어
낙	락	장	송	이		다		기	울	어
낙	락	장	송	이		다		기	울	어

지단 말가 / 하물며 못

지단 말가 하물며 못

지단 말가 하물며 못

다 편 꽃이야 일러

다 편 꽃이야 일러

다 편 꽃이야 일러

무삼하리요 유응부

무삼하리요 유응부

무삼하리요 유응부

유응부(兪應孚 ?~1456)
사육신 중 유일한 무관. 평안도절제사·동지중추원사 역임. 사육신의 한 사람으로 유학에 조예
가 깊었으며, 숙종 때 병조 판서에 추증되었다. 시조 3수가 전한다. 명 사신 초대연에서 세조 살해
를 맡았다. 청렴결백하여 끼니를 굶는 재상으로서, 명석으로 방을 가리고 살았다고 전해진다.

글쓴이소개

✿ 4급 문장 쓰기(10)

글제목: 녹이 상제 살지게 먹여

글쓴이: **최영**

녹	이	상	제		살	지	게		먹	여
녹	이	상	제		살	지	게		먹	여
녹	이	상	제		살	지	게		먹	여

시	냇	물	에		씻	겨		타	고	/
시	냇	물	에		씻	겨		타	고	
시	냇	물	에		씻	겨		타	고	

용	천	설	악		들	게		갈	아	
용	천	설	악		들	게		갈	아	
용	천	설	악		들	게		갈	아	

다시 빼혀 두러메고 /

다시 빼혀 두러메고

다시 빼혀 두러메고

장부의 위국충절을 세

장부의 위국충절을 세

장부의 위국충절을 세

위 볼까 하노라 최영

위 볼까 하노라 최영

위 볼까 하노라 최영

글쓴이소개

최영(崔瑩 1316~1388)
고려 말의 무장. 1359년에 홍건적이 서경을 함락하자 이방실 등과 함께 물리쳤다. 1376년에는
왜구가 삼남지방을 휩쓸자 충남 홍산에서 적을 대파했다. 이성계의 위화도 회군을 막으려고 애
를 썼지만 실패하고선 창왕이 즉위한 뒤에 고봉으로 유배되어 갔다가 개경에서 참형을 당했다.

❀ 4급 문장 쓰기(11)

글제목: 대추 볼 붉은 골에

글쓴이: 황희

대 추	볼	붉 은	골 에
대 추	볼	붉 은	골 에
대 추	볼	붉 은	골 에

밤 은	어 이	뜻 들 으 며 /
밤 은	어 이	뜻 들 으 며
밤 은	어 이	뜻 들 으 며

벼	벤	그 루 에	게 는
벼	벤	그 루 에	게 는
벼	벤	그 루 에	게 는

어이 내리는고 / 술 익

어이 내리는고 술 익

어이 내리는고 술 익

자 체장수 돌아가니

자 체장수 돌아가니

자 체장수 돌아가니

아니 먹고 어이리

아니 먹고 어이리

아니 먹고 어이리

글쓴이소개

황희(黃喜 1363~1452)
고려말에 성균관 학관을 지냈으며, 이조창업과 더불어 세종조에 이르기까지 4代에 걸쳐 임금을 섬기었다. 태종의 신임이 각별하여 정사는 물론, 궁중 기밀에 관해서까지 자문을 받았다. 태종이 세종에게 중용토록 일러주어 대사헌을 삼았다가 영의정을 삼았다.

✿ 4급 문장 쓰기(12)

글제목: 이 몸이 죽어 가서

글쓴이: 성삼문

이	몸이	죽어	가서
이	몸이	죽어	가서
이	몸이	죽어	가서

무엇이	될꼬	하니 /	봉
무엇이	될꼬	하니	봉
무엇이	될꼬	하니	봉

래산	제일봉에	낙락장
래산	제일봉에	낙락장
래산	제일봉에	낙락장

송　되었다가 / 백설이

송　되었다가　백설이

송　되었다가　백설이

만건곤할　제　독야　청

만건곤할　제　독야　청

만건곤할　제　독야　청

청하리라　성삼문

청하리라　성삼문

청하리라　성삼문

글쓴이소개

성삼문(成三問 1418~1456)
세종 때 훈민정음 창제를 위해 음운 연구를 위해 요동의 음운학자 황찬을 13번이나 방문했다고 한다. 훈민정음 해례본 집필에 참여한 집현전 학사이다. 1455년 세조가 단종을 몰아내고 왕위에 오르자 단종의 복위를 협의했으나, 김질의 밀고로 체포되어 친국을 받고 처형되었다.

✿ 4급 문장 쓰기(13)

글제목: 금생여수라 한들

글쓴이: 박팽년

금	생	여	수	라		한	들		물	마
금	생	여	수	라		한	들		물	마
금	생	여	수	라		한	들		물	마

다		금	이		나	며	/	옥	출	곤
다		금	이		나	며		옥	출	곤
다		금	이		나	며		옥	출	곤

강	이	라		한	들		뫼	마	다	
강	이	라		한	들		뫼	마	다	
강	이	라		한	들		뫼	마	다	

옥이　날쏘냐 / 아무리

사랑이　중타　한들　임

마다　쫓으라　　박팽년

박팽년(朴彭年 1417~1456)
훈민정음 해례본 집필자인 집현전 학사이다. 세조 찬탈 때 경회루 못에 자살하려다 성삼문의 만류로 미수. 세조 2년(1456) 형조참판으로 단종 복위를 꾀하다 처형되었다. 사육신 중한 사람이다.

글쓴이소개

❀ 4급 문장 쓰기(14)

글제목: 삭풍은 나무 끝에 불고

글쓴이: 김종서

삭	풍	은		나	무		끝	에		불
삭	풍	은		나	무		끝	에		불
삭	풍	은		나	무		끝	에		불

고		명	월	은		눈	속	에		찬
고		명	월	은		눈	속	에		찬
고		명	월	은		눈	속	에		찬

데	/	만	리	변	성	에		일	장	검
데		만	리	변	성	에		일	장	검
데		만	리	변	성	에		일	장	검

짚고		서서	/	긴	파람	
짚고		서서		긴	파람	
짚고		서서		긴	파람	

큰	한소리에			거칠		것
큰	한소리에			거칠		것
큰	한소리에			거칠		것

이	없세라			김종서		
이	없세라			김종서		
이	없세라			김종서		

글쓴이소개

김종서(金宗瑞 1383~1453)
조선의 세종에게 총애를 받던 명장으로, 3代 태종 때 등제하고 세종 때에는 도절도사로서 함경도의 육진을 개척하고, 여진족을 물리치고 두만강 이남을 확보하였다. 5代 문종의 고 명을 받아 우의정으로서 어린 임금 단종을 돕다가 수양대군에게 가장 먼저 죽임을 당했다.

❀ 4급 문장 쓰기(15)

글제목: 내해 좋다하고

글쓴이: 변계량

내	해		좋	다	하	고		남		싫
내	해		좋	다	하	고		남		싫
내	해		좋	다	하	고		남		싫

은		일		하	지		말	며	/	남
은		일		하	지		말	며		남
은		일		하	지		말	며		남

이		한	다	하	고		의		아	여
이		한	다	하	고		의		아	여
이		한	다	하	고		의		아	여

든	죶지	마라	/ 우리는
든	죶지	마라	우리는
든	죶지	마라	우리는

천성을	지키어	생긴대
천성을	지키어	생긴대
천성을	지키어	생긴대

로	하리라	변계량
로	하리라	변계량
로	하리라	변계량

글쓴이소개

변계량(卞季良 1369~1430)
이조 태종 때의 학자로서 자는 거경이고 호는 춘정이며, 본관은 밀양이다. 고려 공민왕 때에 태어나서 정몽주와 이색에게 글을 배웠고, 조선 태종대에는 벼슬이 대제학에 이르렀다.

❀ 4급 문장 쓰기(16)

글제목: 선인교 나린 물이

글쓴이: 정도전

선	인	교		나	린		물	이		자
선	인	교		나	린		물	이		자
선	인	교		나	린		물	이		자

하	동	에		흐	르	르	니	/	반	천
하	동	에		흐	르	르	니		반	천
하	동	에		흐	르	르	니		반	천

년		왕	업	이		물	소	리		뿐
년		왕	업	이		물	소	리		뿐
년		왕	업	이		물	소	리		뿐

이로다 / 아희야 고국흥
이로다 아희야 고국흥
이로다 아희야 고국흥

망을 물어 무삼 하리
망을 물어 무삼 하리
망을 물어 무삼 하리

요 개국공신 정도전
요 개국공신 정도전
요 개국공신 정도전

글쓴이소개

정도전(鄭道傳 ?~1398)

젊어서부터 학문을 즐겨 일찍이 이색의 문하에서 수학하였으며, 고려 공민왕때에 등과하여 벼슬을 지냈다. 이태조가 왕위에 오르자 개국공신훈 1등을 받고 관직이 삼도도통사에 이르렀다. 제1차 왕자의 난 때 이방원의 칼 밑에 쓰러졌다. 호는 삼봉이다.

✿ 4급 문장 쓰기(17)

글제목: 가마귀 검다 하고

글쓴이: 이직

가마귀	검다	하고	백
가마귀	검다	하고	백
가마귀	검다	하고	백

로야	웃지	마라 / 겉이	
로야	웃지	마라	겉이
로야	웃지	마라	겉이

검은들	속조차	검을소
검은들	속조차	검을소
검은들	속조차	검을소

냐 / 아마도 곁 희고

냐 아마도 곁 희고

냐 아마도 곁 희고

속 검을손 너뿐인가

속 검을손 너뿐인가

속 검을손 너뿐인가

하노라 개국공신 이직

하노라 개국공신 이직

하노라 개국공신 이직

글쓴이소개

이직(李稷 1362~1431)

이조 개국공신으로서, 고려 우왕 대에 등과하여, 벼슬을 지냈으며, 이성계의 창업에 참여하였다. 정종 2년에 서면도순문찰사가 되어 왜구를 무찔러 공을 세워서 참지부사가 되었다. 태종 6년에 이조판서에 올랐고, 15년에는 우의정에, 그리고 세종 7년에는 영의정을 배수받았다.

❀ 4급 문장 쓰기(18)

글제목: 추강에 밤이 드니

글쓴이: 이정

추	강	에		밤	이		드	니		물
추	강	에		밤	이		드	니		물
추	강	에		밤	이		드	니		물

결	이		차	노	매	라	/	낚	시
결	이		차	노	매	라		낚	시
결	이		차	노	매	라		낚	시

드	리	우	니		고	기		아	니
드	리	우	니		고	기		아	니
드	리	우	니		고	기		아	니

무노매라 / 무심한 달빛

무노매라 무심한 달빛
무노매라 무심한 달빛

만 실고 빈배 홀로

만 실고 빈배 홀로
만 실고 빈배 홀로

오노매라 왕족 이정

오노매라 왕족 이정
오노매라 왕족 이정

이정(李婷 1455~1489)

조선 전기의 왕족이자 시인. 세조의 장손이자 추존왕 덕종(의경세자)과 소혜왕후 한씨(인수대비)의 장남이며 성종의 친형이다. 어려서부터 학문을 좋아해 종학에 들어가서 배웠고 경사자집을 두루 섭렵했으며 성품은 침착 결백하고 술을 즐기며 산수를 좋아했다고 한다.

글쓴이소개

✿ 4급 문장 쓰기(19)

글제목: 있으렴 부대 갈따

글쓴이: 성종

있	으	렴	부	대	갈 따	아
있	으	렴	부	대	갈 따	아
있	으	렴	부	대	갈 따	아
니	가 든		못 할 소	나 /		무
니	가 든		못 할 소	나		무
니	가 든		못 할 소	나		무
단	히	싫 더	나	남	의	권
단	히	싫 더	나	남	의	권
단	히	싫 더	나	남	의	권

을		들	었	난	다	/	그	려	도
을		들	었	난	다		그	려	도
을		들	었	난	다		그	려	도

하		애	닯	고	야		가	는	뜻
하		애	닯	고	야		가	는	뜻
하		애	닯	고	야		가	는	뜻

을		일	러	라			성	종	대	왕
을		일	러	라			성	종	대	왕
을		일	러	라			성	종	대	왕

글쓴이소개

성종(成宗 1457~1494 재위 1470~1494)
조선의 제9대 국왕으로 그 묘호가 상징하듯이 여러 업적을 이룸으로써 왕조를 안정적 기반 위에 올려놓은 임금이었다. 세조의 장남인 의경세자 이장과 한확의 딸 소혜왕후 한씨 사이에서 둘째아들로 태어났다.

❀ 4급 문장 쓰기 (20)

글제목: 귀거래 귀거래하되

글쓴이: 이현보

귀	거	래		귀	거	래	하	되		말
귀	거	래		귀	거	래	하	되		말
귀	거	래		귀	거	래	하	되		말

뿐	이	요		간		이		없	네	/
뿐	이	요		간		이		없	네	
뿐	이	요		간		이		없	네	

전	원	이		장	무	하	니		아	니
전	원	이		장	무	하	니		아	니
전	원	이		장	무	하	니		아	니

가	고	어	찌	할	꼬 /	초	당
가	고	어	찌	할	꼬	초	당
가	고	어	찌	할	꼬	초	당

에	청	풍	명	월	은	나	며
에	청	풍	명	월	은	나	며
에	청	풍	명	월	은	나	며

들	며	기	다	린	다	이	현	보
들	며	기	다	린	다	이	현	보
들	며	기	다	린	다	이	현	보

글쓴이소개

이현보(李賢輔 1679~?)
조선 초기의 문신·문장가이자 서예가이다. 1498년(연산군 4) 식년문과에 급제한 뒤 32세
에 벼슬길에 올라 1504년(연산군 10) 38세 때 사간원정언이 됐다. 이때에 서연관의 비행을
탄핵했다가 안동에 유배됐으나 중종반정으로 지평에 복직된다.

❋ 4급 문장 쓰기(21)

글제목: 들은 말 즉시 잊고

글쓴이: 송인

들은		말	즉시		잊	고
들은		말	즉시		잊	고
들은		말	즉시		잊	고

본	일	못	본	듯이		/
본	일	못	본	듯	이	
본	일	못	본	듯	이	

내	인사		이러하	매		남
내	인사		이러	하	매	남
내	인사		이러	하	매	남

의　　시비　　모르노라 / 다

만지　　손이　　성하니　　잔

잡기만　　하리라　　　　송인

송인(宋寅 1517~1584)
조선 초기~중기의 학자이자 서예가이다. 사람됨이 단정하고 순수하고 근실하였으며 화화
로운 환경에서도 가난한 사람처럼 살았다. 계모를 지성으로 섬겨 효도로 이름났다. 거상
(居喪) 때에 잘 견디지 못할까 미리 걱정하여 평상시에 하루걸러 담박한 음식을 먹었다.

글쓴이소개

❀ 4급 문장 쓰기(22)

글제목: 창랑에 낚시 넣고

글쓴이: 송인수

창	랑	에		낚	시		넣	고		조
창	랑	에		낚	시		넣	고		조
창	랑	에		낚	시		넣	고		조
대	에		앉	았	으	니	/	낙	조	청
대	에		앉	았	으	니		낙	조	청
대	에		앉	았	으	니		낙	조	청
강	에		빗	소	리		더	욱		좋
강	에		빗	소	리		더	욱		좋
강	에		빗	소	리		더	욱		좋

다 / 유지에 옥린을 꿰

다 유지에 옥린을 꿰

어 들고 행화촌에 가리

어 들고 행화촌에 가리

라 성리학자 송인수

라 성리학자 송인수

글쓴이소개

송인수(宋麟壽 1499~1547)
조선 중기 문신. 형조참판 때 동지사로 명나라에 다녀온 뒤 대사성이 되어 유생들에게 성리학을 강론했다. 성리학의 대가로 선비들로부터 추앙받았다.

❀ 4급 문장 쓰기(23)

글제목: 마음이 어린 후ㅣ니

글쓴이: 서경덕

마	음	이		어	린		후	ㅣ	니
마	음	이		어	린		후	ㅣ	니
마	음	이		어	린		후	ㅣ	니

하	는		일	이		다		어	리	다
하	는		일	이		다		어	리	다
하	는		일	이		다		어	리	다

/	만	중	운	산	에		어	느	님
	만	중	운	산	에		어	느	님
	만	중	운	산	에		어	느	님

오 리 마 는 / 지 는 잎 부

는 바 람 에 행 여 그 인

가 하 노 라 서 경 덕

글쓴이소개

서경덕(徐敬德 1489~1546)
개성에서 자랐으며 어릴 적 집안의 경제 사정이 좋지 않아 13세에 처음으로 글을 읽었고
스승 없이 독학으로 공부했다고 한다. 18세에 〈대학〉을 읽고 격물치지에 뜻을 두었다고 하
며 종달새 울음소리를 듣고 하루종일 이를 탐구했다는 일화도 있다.

✿ 4급 문장 쓰기(24)

글제목: 엊그제 버힌 솔이

글쓴이: 김인후

엊	그 제	버	힌	솔 이	낙

락	장 송	아 니 런 가 / 적 은

덧	두 던 들	동 량 재	되

리러니 / 이후에 명당이

기울면 어느 남기 받

치리 하서 김인후

글쓴이소개

김인후(金麟厚 1510~1560)
장성에서 출생하였다. 타고난 성품이 청수했으며, 5~6세 때에 문자를 이해하여 말을 하면
사람이 놀랄 정도였다. 1519년 김안국에게서 도학과 문학을 배웠으며, 1531년 사마시에 합
격하여 성균관에 입학하였다.

✿ 4급 문장 쓰기(25)

글제목: 풍상이 섞어 친 날에

글쓴이: 송순

풍	상	이		섞	어		친		날	에
풍	상	이		섞	어		친		날	에
풍	상	이		섞	어		친		날	에

갓	피	온		황	국	화	를	/	금	분
갓	피	온		황	국	화	를		금	분
갓	피	온		황	국	화	를		금	분

에		가	득		담	아		옥	당	에
에		가	득		담	아		옥	당	에
에		가	득		담	아		옥	당	에

보내오니 / 도리야 꽃이

온 양 마라 임의 뜻

을 알괘라 송순

글쓴이소개

송순(宋純 1493~1583)
조선 전기의 문신. 50여년 동안 관료생활을 하다 중종 12년(1533) 김안로가 득세하게 되
자 귀향하여 면앙정을 짓고 유유자적하며 많은 시조, 가사, 국문시가를 남김으로써 강호가
도의 선구자로 평가된다.

❀ 4급 문장 쓰기(26)

글제목: 전원에 봄이 드니

글쓴이: 성운

전	원	에		봄	이		드	니		나
전	원	에		봄	이		드	니		나
전	원	에		봄	이		드	니		나

할		일	이		아	주		많	으	이
할		일	이		아	주		많	으	이
할		일	이		아	주		많	으	이

/	꽃	나	무		뉘		옮	기	며	
	꽃	나	무		뉘		옮	기	며	
	꽃	나	무		뉘		옮	기	며	

약밭은 언제 갈리/아

약밭은 언제 갈리 아

약밭은 언제 갈리 아

이야 대 베어 오너라

이야 대 베어 오너라

이야 대 베어 오너라

사립 먼저 결으리라

사립 먼저 결으리라

사립 먼저 결으리라

글쓴이소개

성운(成運 1497~1579)
조선 중기의 학자. 성운은 16세기에 속리산 일대를 배경으로 처사형 사림의 입지를 지킨 대표적 인물이다. 그의 삶은 네 차례의 사화 이후 당대 사림의 입지를 압축적으로 반영하고 있다.

❀ 4급 문장 쓰기(27)

글제목: 삼동에 베옷 입고

글쓴이: 조식

삼	동	에		베	옷		입	고		암
삼	동	에		베	옷		입	고		암
삼	동	에		베	옷		입	고		암

혈	에		눈	비		맞	아	/	구	름
혈	에		눈	비		맞	아		구	름
혈	에		눈	비		맞	아		구	름

낀		볕	뉘	도		�찐		적	이
낀		볕	뉘	도		쬔		적	이
낀		볕	뉘	도		쬔		적	이

없	건	마	는	/	서	산	에		해	지
없	건	마	는	/	서	산	에		해	지
없	건	마	는	/	서	산	어		해	지

다		하	니		눈	물	겨	워		하
다		하	니		눈	물	겨	워		하
다		하	니		눈	물	겨	워		하

노	라				남	명		조	식	
노	라				남	명		조	식	
노	라				남	명		조	식	

글쓴이소개

조식(曺植 1501~1572)
조선 중기 학자. 출사를 거부하고 평생을 학문과 후진 양성에 힘썼다. 경상우도의 특징적인
학풍을 이루었으며, 퇴계 이황의 경상좌도 학맥과 더불어 영남 유학의 양대산맥을 이루었
다. 호는 南冥(남명)이다.

❀ 4급 문장 쓰기(28)

글제목: 태산이 높다 하되

글쓴이: 양사언

태	산	이		높	다		하	되		하
태	산	이		높	다		하	되		하
태	산	이		높	다		하	되		하

늘		아	래		뫼	이	로	다	/	오
늘		아	래		뫼	이	로	다		오
늘		아	래		뫼	이	로	다		오

르	고		또		오	르	면		못
르	고		또		오	르	면		못
르	고		또		오	르	면		못

오	를	리	없	건	마	는	/	사
오	를	리	없	건	마	는		사
오	를	리	없	건	마	는		사

람	이	제	아	니	오	르	고
람	이	제	아	니	오	르	고
람	이	제	아	니	오	르	고

뫼	만	높	다	하	더	라
뫼	만	높	다	하	더	라
뫼	만	높	다	하	더	라

글쓴이소개

양사언(楊士彦 1517~1584)
조선 초기와 중기의 문신이자 서예가로, 호방한 성품에 도인과 같은 면모를 지녔다고 전해지며 금강산을 비롯한 명승을 유람하며 그 감흥을 글씨로 남겼다. 그는 초서와 해서를 특히 잘 썼다.

훈민정음 4급

부록

- 훈민정음 4급 문장 해석과 지은이 소개
- 훈민정음 경필쓰기 검정 응시원서
- 훈민정음 경필쓰기 검정 채점표
- 훈민정음 경필쓰기 4급용 응시원고

1. 불휘 기픈 남곤 정인지 등

원문 불·휘 기·픈 남ᄀᆞᆫ ᄇᆞ·ᄅᆞ·매 아·니 :뮐·ᄊᆡ 곶 :됴·코 여·름·하ᄂᆞ·니
:시·미 기·픈·므·른·ᄀᆞᄆᆞ·래 아·니 그·츨·ᄊᆡ :내·히 이·러 바·ᄅᆞ·래·가ᄂᆞ·니

해설 뿌리 깊은 나무는 바람에 아니 흔들리므로, 꽃 좋고 열매 많나니 샘이 깊은 물은 가뭄에 아니 그치므로 내를 이뤄 바다에 가나니

출전 용비어천가 2장 조선 초기 세종 27년(1445) 편찬되어 세종 29년(1447)에 발간된 악장·서사 시다. 세종대왕이 훈민정음을 창제한 뒤 훈민정음을 시험하기 위해 권제와 정인지, 안지 등에게 맡겨 펴낸 훈민정음으로 쓰인 최초의 책이다.

2. 하여가 이방원

원문 이런들 어떠하며 저런들 어떠하리
萬壽山(만수산) 드렁칡이 얽혀진들 그 어떠하리
우리도 이같이 얽혀져 백년까지 누리리라

해설 왕씨를 섬기다가 이씨를 섬긴들 어떠하리요? 저 만수산에 마구 뻗어난 칡넝쿨처럼 뒤엉킨 채 새삼스럽게 왕씨다 이씨다 가릴 것 없이 그렁저렁 어울려 사는 것이 어떠하리요? 우리들도 그와같이 어울려서 오래도록 영화롭게 살아 봄이 좋으리라

작자 이방원(李芳遠 1367~1433) 이성계의 다섯째 아들. 조선 3代 왕 태종으로서 역성혁명에 주동적인 역할을 하였다. 개국 후에는 왕위를 차지하고자 두 번이나 피비린내 나는 '왕자의 난'을 일으켜 골육을 나눈 형제들을 무참하게 죽이고 생사를 같이해온 개국 공신들을 마구 주살하였다.

3. 단심가

정몽주

원문 이 몸이 죽고 죽어 一百(일백) 番(번) 고쳐 죽어

白骨(백골)이 塵土(진토)되어 넋이라도 있고 없고

님 향한 一片丹心(일편단심)이야 가실 줄이 있으랴

해설 이 몸이 죽고 또 죽어 백 번을 다시 태어났다가 다시 죽어서 흙에 묻힌 흰 뼈가 한 줌 흙이 되고 먼지가 되어 없어지고, 혼백이 남아 있건 없건 간에 임금님께 바치는 한 조각 붉은 마음이야 어찌 변할 리가 있겠느냐!

작자 정몽주(鄭夢周 1338~1392) 고려 말의 학자이자 관리. 영천 출신이다. 본관은 연일, 호는 포은(圃隱)이다. 조선 건국 직전인 1392년 4월 26일 이성계와 신진사대부들의 역성혁명에 반대하다 이방원의 지시를 받은 조영규에 의해 선죽교에서 살해 당한다.

4. 가마귀 눈비 맞아

박팽년

원문 가마귀 눈비 맞아 희는 듯 검노매라

夜光明月(야광명월)이야 밤인들 어두우랴?

님향한 一片丹心(일편단심)이야 고칠 줄이 있으랴

해설 까마귀가 눈비를 맞으면 잠시 희어지는 듯하지만, 이내 도로 검어지고야 마는구나! 그렇지만 밤에 빛나는 야광(夜光)이나 밝은 달인 명월 같은 구슬이야, 어찌 밤이라고 해서 빛나지 않을 수 있겠는가? 어린 임금께 이미 바쳐온 이내 가슴 속의 충성된 마음이야 변할 리가 있겠는가?

작자 박팽년(朴彭年 1417~1456) 훈민정음 해례본 집필자인 집현전 학사로 훈민정음 등 기타 사업에 공헌했다. 세조 찬탈 때 경회루 못에 자살하려다 성삼문의 만류로 미수. 세조 2년(1456) 형조참판으로 단종 복위를 꾀하다 처형되었다. 사육신 중의 한 사람이다.

5. 수양산 바라보며

성삼문

원문 首陽山(수양산) 바라보며 夷齊(이제)를 恨(한)하노라

주려 죽을진들 採薇(채미)도 하는 것가

아무리 푸새엣것인들 긔 뉘 땅에 났더니

해설 수양산을 바라보면서, 그 옛날 맑은 절개를 세우고자 수양산에 들어가 고사리를 캐먹다 죽었
다고 하는 백이와 숙제를 생각하면, 나는 이들을 마땅치 않게 생각한다. 그토록 마음이 굳었
으면 차라리 굶어 죽을 것이지 어찌하여 고사리를 캐 먹었단 말인가? 아무리 대수롭지 않은
푸성귀라 할지라도 그것이 누구의 땅에서 자란 것인데 그것을 먹었단 말인가?

작자 성삼문(成三問 1418~1456) 세종 때 훈민정음 창제를 위해 음운 연구를 위해 요동의 음운학
자 황찬을 13번이나 방문했다고 한다. 1455년 세조가 단종을 몰아내고 왕위에 오르자 단종
의 복위를 협의했으나, 김질의 밀고로 체포되어 친국을 받고 처형되었다.

6. 오백년 도읍지를

길재

원문 五百年(오백년) 都邑地(도읍지)를 匹馬(필마)로 돌아드니

山川(산천)은 依舊(의구)하되 人傑(인걸)은 간 데 없네

어즈버 太平烟月(태평연월)이 꿈이런가 하노라

해설 고려의 오백년 왕조가 도읍하던 옛 서울을 한 필의 말에 몸을 싣고 외롭게 들어와 보니, 산천
의 모습은 예나 이제아 다름이 없건마는 이름을 떨치던 수많은 인걸들은 죽고 흩어져서 보이
지 않는구나. 아아~태평세월이던 고려시대도 하룻밤의 꿈이었던 것만 싶구나!

작자 길재(吉再 1353~1419) 고려 말, 조선 초의 성리학자. 1387년 성균학정이 되었다가, 1388년에
순유박사를 거쳐 성균박사를 지냈다. 조선이 건국된 뒤 1400년(정종 2)에 이방원이 태상박
사에 임명하였으나 두 임금을 섬기지 않겠다는 뜻을 말하며 거절하였다.

7. 천만리 머나먼 길에 왕방연

원문 千萬里(천만리) 머나먼 길에 고운님 여의옵고
　　　내 마음 둘 데 없이 냇가에 앉았으니
　　　저 물도 내 안 같아서 울어 밤길 예놋다

해설 천리만리 떨어져 있는 외진 곳에 어린 임금을 이별하고 돌아오니, 이 내 슬픔 붙일데가 전혀
　　　없기로, 이 냇가에 앉아 있으니, 저 바위를 흘러가는 물도 마치 내 마음과도 같이 울며불며
　　　가는구나!

작자 왕방연(王邦衍 ? ~ ?) 조선시대 문신 겸 시인. 세조 때 금부도사로 있었는데 사육신 사건이 있
　　　은 뒤 1457년(세조 3) 왕명에 따라 상왕 단종이 노산군으로 격하되어 영월로 귀양갈 때 호송
　　　하였다. 당시의 심경을 읊은 시조 한 수를 남겼다.

8. 방안에 혓는 촛불 이개

원문 방안에 혓는 촛불 눌과 離別(이별)하였관대
　　　겉으로 눈물지고 속타는 줄 모르는고
　　　저 촛불 날과 같아서 속타는 줄 모르도다

해설 방안에 켜져 있는 촛불은 그 누구와 이별의 슬픔을 나눴기에 저토록 눈물이 고이면서 속이
　　　타들어가는 줄을 모르고 있는 것일까? 저 촛불도 바로 나와 같아서 슬피 눈물을 흘리는 것
　　　이 속이 타서 없어지는 것을 깨닫지 못하는구나!

작자 이개(李塏 1417~1456) 조선 전기의 문신. 직제학을 지냈으며, 시문이 청절하고 글씨를 잘 썼
　　　다. 훈민정음 해례본에 참여한 집현전의 학사이다. 사육신의 한 사람으로, 세조 2년(1456)에
　　　단종의 복위를 꾀하다 발각되어 처형되었다. 사육신 중의 한 사람이다.

9. 간밤에 불던 바람에 .... 유응부

원문 간밤에 불던 바람에 눈서리 치단 말가
落落長松(낙락장송)이 다 기울어 지단 말가
하물며 못다 핀 꽃이야 일러 무심하리요

해설 지난밤에 휩쓸던 모진 바람에 눈서리까지 몰아쳤다는 말인가? 그래서 저 곧고 푸르렀던 소나무들도 모조리 기울고 쓰러졌단 말이구나. 사실이 그렇다면, 더구나 아직 피지도 못한 꽃망울들을 가리켜 이러니 저러니 말해 본들 무엇하겠는가?

작자 유응부(兪應孚 ?~1456) 사육신 중 유일한 무관. 평안도절제사·동지중추원사 역임. 사육신의 한 사람으로 유학에 조예가 깊었으며, 숙종 때 병조 판서에 추증되었다. 시조 3수가 전한다. 명 사신 초대연에서 세조 살해를 맡았다. 청렴결백하여 끼니를 굶는 재상으로서, 멍석으로 방을 가리고 살았다고 전해진다.

10. 녹이상제 살지게 먹여 .... 최영

원문 騄耳霜蹄(녹이상제) 살지게 먹여 시냇물에 씻겨 타고
龍泉雪鍔(용천설악) 들게 갈아 다시 빼혀 두러메고
丈夫(장부)의 爲國忠節(위국충절)을 세워 볼까 하노라

해설 하루를 천리를 달리는 녹이상제 같은 날랜 말을 살오르게 잘 먹여 기운을 더욱 내게 하며 맑은 시냇물에서 씻어 닦아 올라타고, 용천 검같이 드는 큰 칼을 더욱 잘 들게 갈아 어깨에 둘러메고서, 사나이답게 나라를 위하여 충선된 절개를 세워보려 하노라

작자 최영(崔瑩 1316~1388) 고려 말의 무장. 1359년에 홍건적이 서경을 함락하자 이방실 등과 함께 물리쳤다. 1376년에는 왜구가 삼남지방을 휩쓸자 충남 홍산에서 적을 대파했다. 이런 명장이지만 시대의 흐름을 막지는 못했다. 이성계의 위화도 회군을 막으려고 애를 썼지만 실패하고선 창왕이 즉위한 뒤에 고봉으로 유배되어 갔다가 개경에서 참형을 당했다.

11. 대추 볼 붉은 골에

황희

원문 대추 볼 붉은 골에 밤은 어이 뜻들으며
벼 벤 그루에 게는 어이 내리는고
술 익자 체장수 돌아가니 아니 먹고 어이리

해설 가을이라 대추도 잘 익어서 볼이 불그스레 한데, 밤은 또 어찌하여 알암이 떨어지는가? 논의 가운데 벼를 베낸 그루터기에게 조차 내리고 있으니 술안주로는 그만이려니와, 때마침 체장수까지 지나가니, 저 체 하나 사들여서 술을 걸러 먹지 않고서 어찌하겠는고?

작자 황희(黃喜 1363~1452) 고려말에 성균관 학관을 지냈으며, 이조창업과 더불어 세종조에 이르기까지 4代에 걸쳐 임금을 섬기었다. 태종의 신임이 각별하여 정사는 물론, 궁중 기밀에 관해서까지 자문을 받았다. 태종이 세종에게 중용토록 일러주어 대사헌을 삼았다가 영의정을 삼았다.

12. 이 몸이 죽어 가서

성삼문

원문 이 몸이 죽어 가서 무엇이 될꼬 하니
蓬萊山(봉래산) 第一峰(제일봉)에 落落長松(낙락장송) 되었다가
白雪(백설)이 滿乾坤(만건곤)할 제 獨也(독야) 靑靑(청청)하리라

해설 이 몸이 죽어서는 무엇이 될 것인가 하면, 신선이 살고 있다는 봉래산 가장 높은 봉우리에 싱싱하게 자라난 큰 소나무가 되었다가, 흰 눈이 온 세상을 덮어서 만물이 죽거나 기동을 하지 못할 때에도 나 홀로만은 푸르디 푸른 빛을 보여 주리라

작자 성삼문(成三問 1418~1456) 세종 때 훈민정음 창제를 위해 음운 연구를 위해 요동의 음운 학자 황찬을 13번이나 방문했다고 한다. 훈민정음 해례본 집필에 참여한 집현전 학사이다. 1455년 세조가 단종을 몰아내고 왕위에 오르자 단종의 복위를 협의했으나, 김질의 밀고로 체포되어 친국을 받고 처형되었다. 사육신 중의 한 사람이다.

13. 금생여수라 한들

박팽년

원문 金生麗水(금생여수)라 한들 물마다 金(금)이 나며
玉出崑岡(옥출곤강)이라 한들 뫼마다 玉(옥)이 날쏘냐
아무리 사랑이 중타 한들 임마다 쫓으랴

해설 여수의 물에서 금이 나온다고 하여 물마다 금이 나올 수 없는 것이며, 곤륜산에서 옥이 나온
다고 할지라도 산마다 옥이 나올 수야 있겠는가? 또한 아무리 사랑이 중요하다고 하지만 어
찌 아무 임이나 따를 수야 있겠는가? 그와 같이 나도 나의 임인 단종을 따를 것이며, 나의 임
이 아닌 세조를 어찌 따를 수야 있겠는가?

작자 박팽년(朴彭年 1417~1456) 훈민정음 해례본 집필자인 집현전 학사이다. 세조 찬탈 때 경회루
못에 자살하려다 성삼문의 만류로 미수. 세조 2년(1456) 형조참판으로 단종 복위를 꾀하다
처형되었다.

14. 삭풍은 나무 끝에 불고

김종서

원문 朔風(삭풍)은 나무 끝에 불고 明月(명월)은 눈속에 찬데
萬里邊城(만리변성)에 一長劍(일장검) 짚고 서서
긴 파람 큰 한소리에 거칠 것이 없세라

해설 몰아치는 북풍은 앙상한 나뭇가지를 스치고, 중천에 뜬 밝은 달은 눈으로 덮인 산과 들을 비
쳐 싸늘하기 이를데 없거늘, 이때 멀리 떨어져 있는 변방 국경의 성루에, 한 장수가 올라 긴
검을 힘있게 짚고 서서, 휘파람을 불어치며 큰소리 호통치니, 천지가 진동하는 바람에 짐승이
고 사람이고 간에 감히 덤비거나 침노하는 것이 없구나.

작자 김종서(金宗瑞 1383~1453) 조선의 세종에게 총애를 받던 명장으로, 3代 태종 때 등제하고
세종 때에는 도절도사로서 함경도의 육진을 개척하고, 여진족을 물리치고 두만강 이남을 확
보하였다. 5代 문종의 고명을 받아 우의정으로서 어린 임금 단종을 돕다가 수양대군에게 가
장 먼저 죽임을 당했다.

15. 내해 좋다하고

원문 내해 좋다하고 남 싫은 일 하지 말며
　　　남이 한다 하고 의 아여든 좇지 마라
　　　우리는 천성을 지키어 생긴대로 하리라

해설 내가 하기 좋다고 하여 남에게 싫은 일을 하지 말것이요. 또 남이 한다고 해서 그것이 옳은
　　　일이 아니거든 따라하지 말아야 한다. 우리는 타고난 성품을 따라서, 나 자신이 생긴 그대로
　　　지내리라

작자 변계량(卞季良 1369~1430) 이조 태종 때의 학자로서 자는 거경이고 호는 춘정이며, 본관은
　　　밀양이다. 고려 공민왕 때에 태어나서 정몽주와 이색에게 글을 배웠고, 조선 태종대에는 벼
　　　슬이 대제학에 이르렀다.

16. 선인교 나린 물이

원문 仙人橋(선인교) 나린 물이 紫霞洞(자하동)에 흐르르니
　　　半千年(반천년) 王業(왕업)이 물소리 뿐이로다
　　　아희야 故國興亡(고국흥망)을 물어 무삼 하리요

해설 선인교에서 흘러 내려오는 맑은 물이 자하동으로 흘러내리는 것을 보니, 오백 년이나 이어내
　　　린 왕업도 남은 것이라고는 이 물소리 뿐이로구나! 얘야, 이제 장구한 역사를 지닌 고려 왕조
　　　의 흥망을 따져본들 무엇하겠는가?

작자 정도전(鄭道傳 ?~1398) 젊어서부터 학문을 즐겨 일찍이 이색의 문하에서 수학하였으며, 고려
　　　공민왕때에 등과하여 벼슬을 지냈다. 이태조가 왕위에 오르자 개국공신훈 1등을 받고 관직
　　　이 삼도도통사에 이르렀다. 제1차 왕자의 난 때 이방원의 칼 밑에 쓰러졌다.

17. 가마귀 검다 하고

원문 가마귀 검다 하고 백로야 웃지 마라

겉이 검은들 속조차 검을소냐

아마도 겉 희고 속 검을 손 너뿐인가 하노라

해설 까마귀가 보기에 까맣다고 해오라기야 비웃질랑 말아라. 겉이 검다고 해서 속마저 검을 리야 있겠느냐? 도리어 겉은 희면서도 속이 검고 심보가 고약한 짐승은 바로 너야말로 그런 것이다.

작자 이직(李稷 1362~1431) 이조 개국공신으로서, 고려 우왕 대에 등과하여, 벼슬을 지냈으며, 이성계의 창업에 참여하였다. 정종 2년에 서면도순문찰사가 되어 왜구를 무찔러 공을 세워서 참지부사가 되었다. 태종 6년에 이조판서에 올랐고, 15년에는 우의정에, 그리고 세종 7년에는 영의정을 배수받았다.

18. 추강에 밤이 드니

원문 秋江(추강)에 밤이 드니 물결이 차노매라

낚시 드리우니 고기 아니 무노매라

무심한 달빛만 싣고 빈배 홀로 오노매라

해설 가을철 강가에 밤이 깊어지니 물결이 차가와지는구나! 물이 차가운 탓인지, 낚시를 드리워도 고기가 아니 물리는구나. 낚시꾼도 단념한 듯 무심한 달빛만 빈 배에다 가득 싣고 외롭게 돌아 오고 있도다.

작자 이정(李婷 1455~1489) 조선 전기의 왕족이자 시인. 세조의 장손이자 추존왕 덕종(의경세자)과 소혜왕후 한씨(인수대비)의 장남이며 성종의 친형이다. 어려서부터 학문을 좋아해 종학에 들어가서 배웠고 경사자집을 두루 섭렵했으며 성품은 침착 결백하고 술을 즐기며 산수를 좋아했다고 한다.

19. 있으렴 부대 갈따

원문 있으렴 부대 갈따 아니 가든 못할소냐
無端(무단)히 싫더냐 남의 勸(권)을 들었난다
그려도 何(하) 애닯고야 가는 뜻을 일러라

해설 더 남아 있으라고 붙잡는데도 꼭 가야만 한단 말이냐? 아니 가지는 못할 것이더냐? 너는 공연히 싫어졌느냐? 혹은 누구에게서 권함을 받았느냐? 오히려 마음만 들떠서 몹시 애가 타는구나! 정녕 가려거든 가는 뜻이나 말해 보려무나.

작자 성종(成宗 1457~1494 재위 1470~1494) 조선의 제9대 국왕으로 그 묘호가 상징하듯이 여러 업적을 이룸으로써 왕조를 안정적 기반 위에 올려놓은 임금이었다. 세조의 장남인 의경세자 이장과 한확의 딸 소혜왕후 한씨 사이에서 둘째아들로 태어났다.

20. 귀거래 귀거래하되

원문 歸去來(귀거래) 歸去來(귀거래)하되 말뿐이요 간 이 없네
田園(전원)이 將蕪(장무)하니 아니 가고 어찌 할꼬
草堂(초당)에 淸風明月(청풍명월)은 나며 들며 기다린다

해설 돌아 가리라 돌아 가리라고 하여도 모두들 말뿐이요, 참으로 돌아가는 사람은 없더라. 고향의 논밭과 산이 점차 거칠어져 황무지가 되고야 말 터인데, 아니 가면 어찌할 것이랴! 더욱이 시원한 바람과 밝은 달빛이 들락날락하면서 나를 기다리고 있도다.

작자 이현보(李賢輔 1679~?) 조선 초기의 문신·문장가이자 서예가이다. 1498년(연산군 4) 식년 문과에 급제한 뒤 32세에 벼슬길에 올라 1504년(연산군 10) 38세 때 사간원정언이 됐다. 이 때에 서연관의 비행을 탄핵했다가 안동에 유배됐으나 중종반정으로 지평에 복직된다.

21. 들은 말 즉시 잊고 송인

원문 들은 말 즉시 잊고 본 일 못 본 듯이
　　　내 人事(인사) 이러하매 남의 是非(시비) 모르노라
　　　다만只(지) 손이 성하니 盞(잔) 잡기만 하리라

해설 남에게서 들은 말도 돌아서면 그만 잊어버리고, 내가 보았던 일도 그때 뿐이요, 못 본 것이나
다름없이 지내고 있다. 내 버릇이 이러하기에 남의 잘잘못을 알 리가 없으렷다. 다만, 아직은
아무 탈없이 몸이 성하니 술잔이나 기울이면서 마음 편히 세월을 보내고 있다.

작자 송인(宋寅 1517~1584) 조선 초기~중기의 학자이자 서예가이다. 사람됨이 단정하고 순수하고
근실하였으며 화화로운 환경에서도 가난한 사람처럼 살았다. 계모를 지성으로 섬겨 효도로
이름났다. 거상(居喪) 때에 잘 견디지 못할까 미리 걱정하여 평상시에 하루걸러 담박한 음식
을 먹었다.

22. 창랑에 낚시 넣고 송인수

원문 滄浪(창랑)에 낚시 넣고 釣臺(조대)에 앉았으니
　　　落照淸江(낙조청강)에 빗소리 더욱 좋다
　　　柳枝(유지)에 玉鱗(옥린)을 꿰어들고 杏花村(행화촌)에 가리라

해설 푸른 물에 낚시를 드리우는 낚시터 둔덕에 앉아 있자니, 해질 무렵 맑은 강물 위로 쏟아지는
소낙비 소리가 참으로 시원스럽구나! 그만 일어나 버들 가지에 낚은 고기를 꿰어들고, 이 시
원한 비를 맞으며, 저 건저 살구꽃이 한창인 마을로 돌아가 보리라.

작자 송인수(宋麟壽 1499~1547) 조선 중기 문신. 형조참판 때 동지사로 명나라에 다녀온 뒤 대사
성이 되어 유생들에게 성리학을 강론했다. 성리학의 대가로 선비들로부터 추앙받았다.

23. 마음이 어린 후니 서경덕

원문 마음이 어린 後(후)ㅣ니 하는 일이 다 어리다
萬重雲山(만중운산)에 어느 님 오리마는
지는 잎 부는 바람에 행여 그인가 하노라

해설 내 마음이 어리석고 보니, 내가 하는 일은 모두가 어리석기만 하구나. 구름이 겹겹이 싸인 이 깊은 산중에 그 누가 나를 찾자 올까보냐마는, 그래도 낙엽지는 소리나 바람 소리만 들려도, 혹시 요행으로 그 분이 아닌가 하면서 창밖을 내다보곤 한다.

작자 서경덕(徐敬德 1489~1546) 개성에서 자랐으며 어릴 적 집안의 경제 사정이 좋지 않아 13세에 처음으로 글을 읽었고 스승 없이 독학으로 공부했다고 한다. 18세에 〈대학〉을 읽고 격물치지에 뜻을 두었다고 하며 종달새 울음소리를 듣고 하루종일 이를 탐구했다는 일화도 있다.

24. 엊그제 버힌 솔이 김인후

원문 엊그제 버힌 솔이 落落長松(낙락장송) 아니런가
적은 덧 두던들 棟樑材(동량재) 되리러니
이후에 明堂(명당)이 기울면 어느 남기 받치리

해설 엊그제 잘라버린 소나무가 바로, 곧고 높게 잘 자란 소나무가 아니더냐? 좀더 한동안 그대로 남겨 두었던들 기둥이나 들보로 쓸 만한 큰 재목이 되었을 터인데, 잘라 버렸으니 아깝기도 하여라! 후일에 혹시나 대궐안의 정전이 기울어지기라도 한다면, 어디 또 그와같은 재목이 있어 쓰러져가는 전각을 떠받쳐 바로잡을 수가 있겠는가?

작자 김인후(金麟厚 1510~1560) 장성에서 출생하였다. 타고난 성품이 청수했으며, 5~6세 때에 문자를 이해하여 말을 하면 사람이 놀랄 정도였다. 1519년 김안국에게서 도학과 문학을 배웠으며, 1531년 사마시에 합격하여 성균관에 입학하였다. 호는 河西(하서)이다.

25. 풍상이 섞어 친 날에 .... 송순

원문 風霜(풍상)이 섞어 친 날에 갓피온 黃菊花(황국화)를
金盆(금분)에 가득 담아 玉堂(옥당)에 보내오니
桃李(도리)야 꽃이온 樣(양) 마라 임의 뜻을 알괘라

해설 바람과 서리가 뒤섞여 몰아치던 날에 마악 피어난 노란 국화를 금쟁반에 수북이 담아서 옥당 관원들에게 내리셨으니 복사꽃아, 오얏꽃아 너희는 꽃인 체하고 뽐내지 말렸다! 이 된서리를 맞으면서도 곱고 귀하게 피어난 황국화를 상감께서 내리시니 오롯한 절개를 숭상하시는 님의 뜻을 알겠노라!

작자 송순(宋純 1493~1583) 조선 전기의 문신. 50여년 동안 관료생활을 하다 중종 12년(1533) 김안로가 득세하게 되자 귀향하여 면앙정을 짓고 유유자적하며 많은 시조, 가사, 국문시가를 남김으로써 강호가도의 선구자로 평가된다.

26. 전원에 봄이 드니 .... 성운

원문 田園(전원)에 봄이 드니 나 할 일이 전혀 많으이
꽃나무 뉘 옮기며 약밭은 언제 갈리
아이야 대 베어 오너라 簑笠(사립) 먼저 결으리라

해설 농촌에 봄이 찾아드니 내가 해야 할 일거리가 아주 많구나! 자, 단비가 내리고 있으니 꽃나무는 누가 옮겨 심을 것이며, 또한 약초를 심을 밭은 언 갈 것이냐? 얘야, 어서 뒷산에 가서 대나무를 베어 오너라. 아무래도 삿갓과 도롱이를 먼저 엮어 짜야 하겠구나!

작자 성운(成運 1497~1579) 조선 중기의 학자. 성운은 16세기에 속리산 일대를 배경으로 처사형 사림의 입지를 지킨 대표적 인물이다. 그의 삶은 네 차례의 사화 이후 당대 사림의 입지를 압축적으로 반영하고 있다.

27. 삼동에 베옷 입고 ··· 조식

원문 三冬(삼동)에 베옷 입고 巖穴(암혈)에 눈비 맞아
구름낀 볕뉘도 쬔 적이 없건마는
西山(서산)에 해지다 하니 눈물겨워 하노라

해설 세상을 등진 신세이니, 추운 겨울철에도 베옷으로 겨우 몸만 가리고 바위틈에서 눈비를 맞
으며 살아가노라니, 훤한 햇볕은 고사하고 구름이 낀 얼마간의 햇발도 쬐어 본 적이라고는 없
다. 그래도 그 해가 이제 서산을 넘어가니 어쩐지 슬픔을 이기지 못하겠구나!

작자 조식(曺植 1501~1572) 조선 중기 학자. 출사를 거부하고 평생을 학문과 후진 양성에 힘썼다.
경상우도의 특징적인 학풍을 이루었으며, 퇴계 이황의 경상좌도 학맥과 더불어 영남 유학의
양대산맥을 이루었다. 호는 南冥(남명)이다.

28. 태산이 높다 하되 ··· 양사언

원문 泰山(태산)이 높다 하되 하늘 아래 뫼이로다
오르고 또 오르면 못 오를리 없건마는
사람이 제 아니 오르고 뫼만 높다 하더라

해설 태산이 아무리 높다고 하더라도 결국은 하늘 아래에 있는 산이로다. 그러므로 누구나 오르
고 또 올라가면 산꼭대기에 못 올라갈 리가 없는데, 사람들은 올라가 보지도 아니하면서 공
연히 산만 높다고들 하더라.

작자 양사언(楊士彦 1517~1584) 조선 초기와 중기의 문신이자 서예가로, 호방한 성품에 도인과
같은 면모를 지녔다고 전해지며 금강산을 비롯한 명승을 유람하며 그 감흥을 글씨로 남겼다.
그는 초서와 해서를 특히 잘 썼다.

훈민정음 경필쓰기 검정 응시원서

※접수번호		※접수일자	202 년 월 일	사진 (3×4) * 사범과 특급 응시자는 반드시 첨부
성 명	한글)		한자)	
생년월일	년 월 일	성별	☐ 남자 ☐ 여자	
연 락 처			* 반드시 연락 가능한 전화번호로 기재하세요	
E-mail				
집 주 소	우)			
응시등급	☐ 사범 ☐ 특급 ☐ 1급 ☐ 2급 ☐ 3급 ☐ 4급 ☐ 5급 ☐ 6급 ☐ 7급 ☐ 8급			
소 속			* 초·중·고 참가자는 학교명과 학년반을 반드시 기록하고, 일반부는 대학명 또는 직업 기재	

위와 같이 사단법인 훈민정음기념사업회가 시행하는

제   회 훈민정음 경필쓰기 검정에 응시하고자 원서를 제출합니다.

20   년   월   일

응시자 :   ㊞

사단법인 **훈민정음기념사업회** 귀중

훈민정음 경필쓰기 채점표

응시자 성명 ★	응시등급 ★	수험번호
	급	

분야	심사항목	배정점수	심사위원별 점수			총점
			(1)	(2)	(3)	
쓰기	필기규범	15				
	오자유무	10				
필획	필법의 정확성	15				
	필획의 유연성	10				
결구	균형	15				
	조화	10				
창의	서체의 창의성	10				
	전체의 통일성	15				
총점		100				

※ 〈쓰기〉분야의 오자유무 심사항목은 각 급수 공히 오자 한 글자 당 1점 감점

확인	심사위원(1)		심사위원(2)		심사위원(3)		결과
	성명	날인	성명	날인	성명	날인	
		㉑		㉑		㉑	

20   년   월   일

훈민정음경필쓰기 검정 4급용 응시 원고

본문의 28 수의 시조 중에서 응시자가 하나를 선택하여 제시된 〈4급용 응시 원고〉에 정성들여 써서 제출하면 됩니다.

수험번호 :   응시자성명 :

성명		생년월일	
		전화번호	

世宗御製訓民正音

國之語音

나랏말ᄊᆞ미

異乎中國